Actividades Para Aprender Los Números

**Juegos y Actividades para niños
de entre 2 a 4 años de edad**

PRIMEROS PASOS

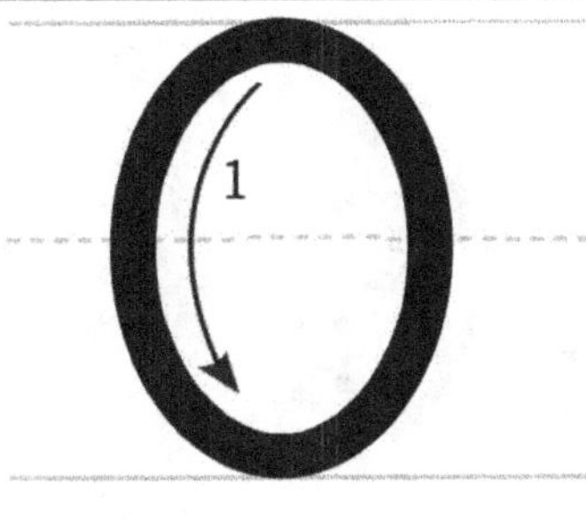

CERO

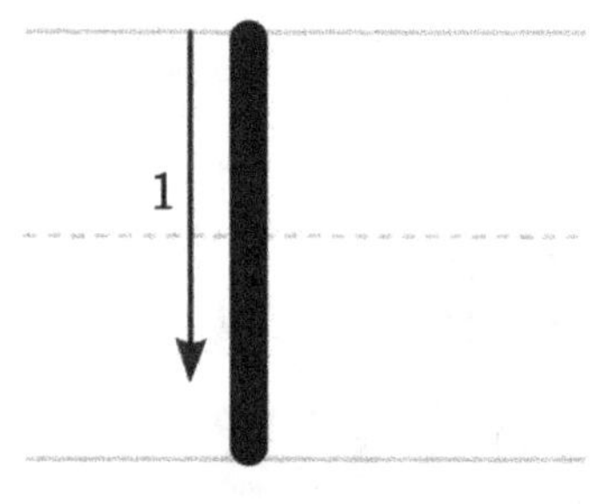

UNO

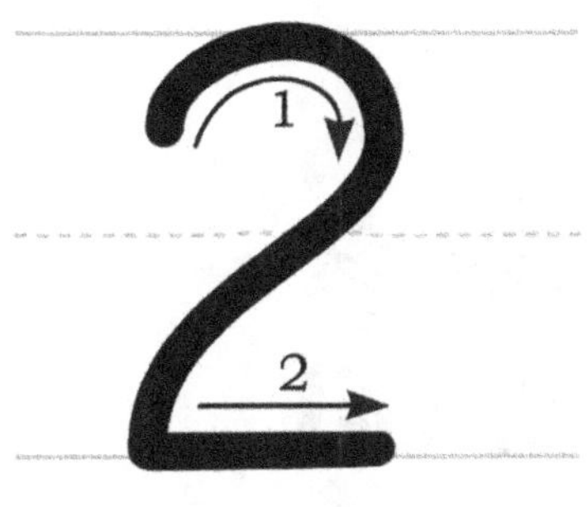

DOS

TRES

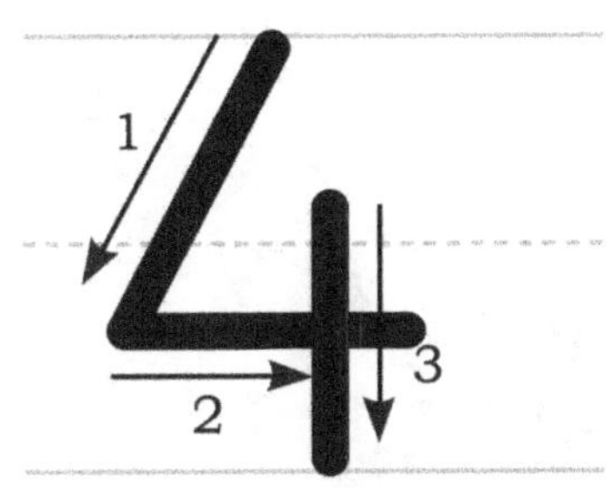

CUATRO

CINCO

1
6
SEIS

Dibujar
números

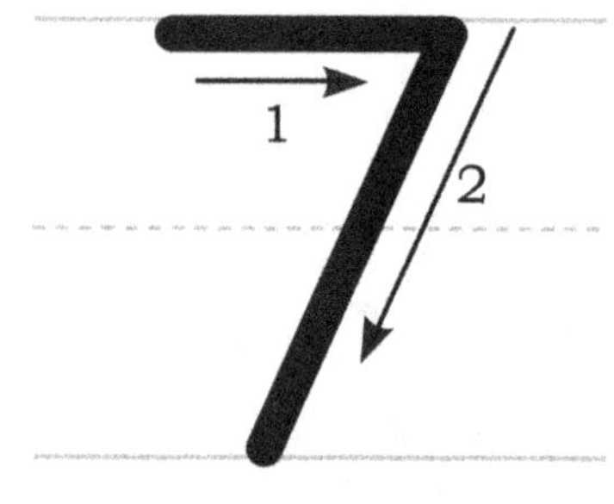

SIETE

Dibujar **números**

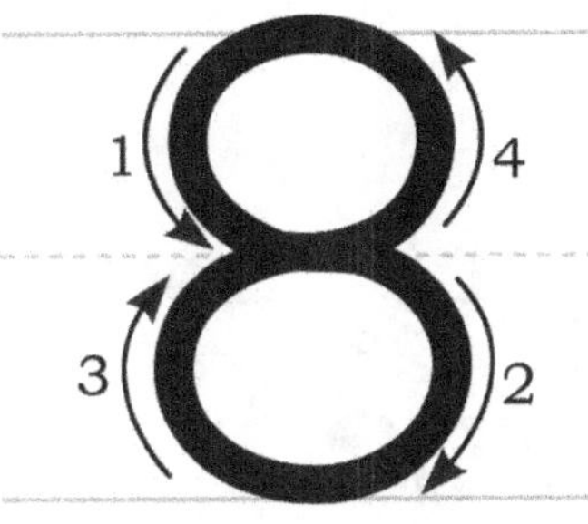

OCHO

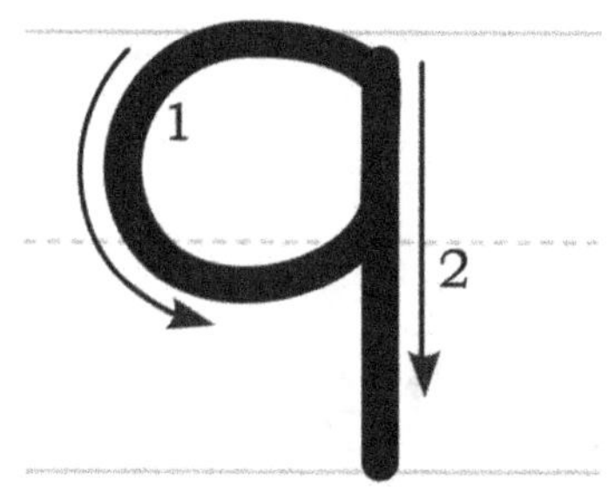

NUEVE

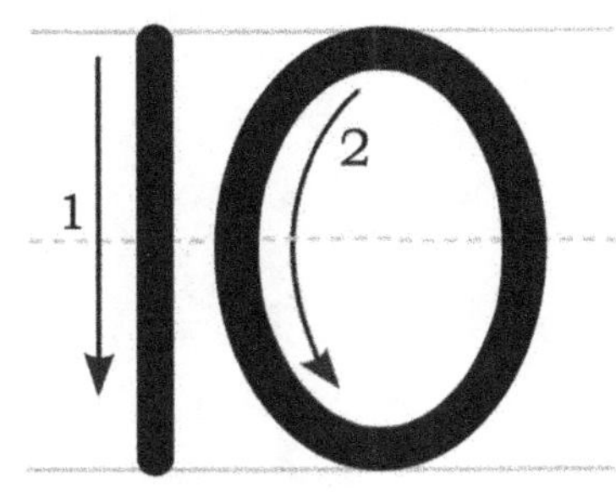

DIEZ

1

UNO

2
DOS

3
TRES

CUATRO

5

CINCO

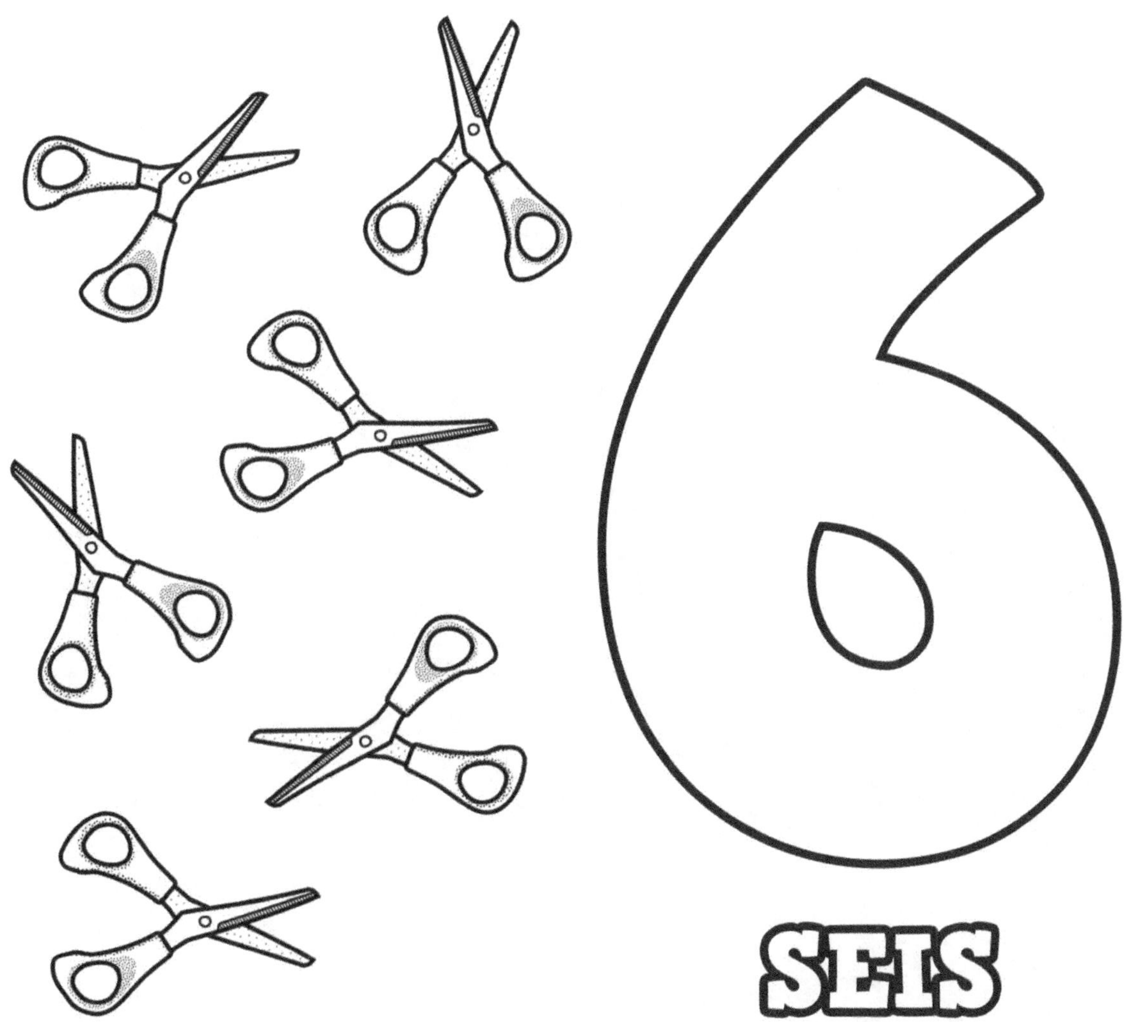

6
SEIS

SIETE

8
OCHO

9
NUEVE

10
DIEZ

Escribir números

Completa el nombre del número y repitelo debajo

1 .... **no**

Escribir números

Completa el nombre del número y repitelo debajo

2 .... os

Escribir números

Completa el nombre del número y repitelo debajo

3 .... res

Escribir números

Completa el nombre del número y repítelo debajo

4 ....**uatro**

Escribir números

Completa el nombre del número y repitelo debajo

5   ....inco

Escribir números

Completa el nombre del número y repitelo debajo

6 ....eis

Escribir números

Completa el nombre del número y repítelo debajo

7 ....iete

Escribir números

Completa el nombre del número y repitelo debajo

8   ....cho

Escribir números

Completa el nombre del número y repítelo debajo

9 ....ueve

Escribir números

Completa el nombre del número y repítelo debajo

10 .... iez

Contar objetos

¿Cúantos objetos hay en cada grupo?

Contar objetos

¿Cúantos objetos hay en cada grupo?

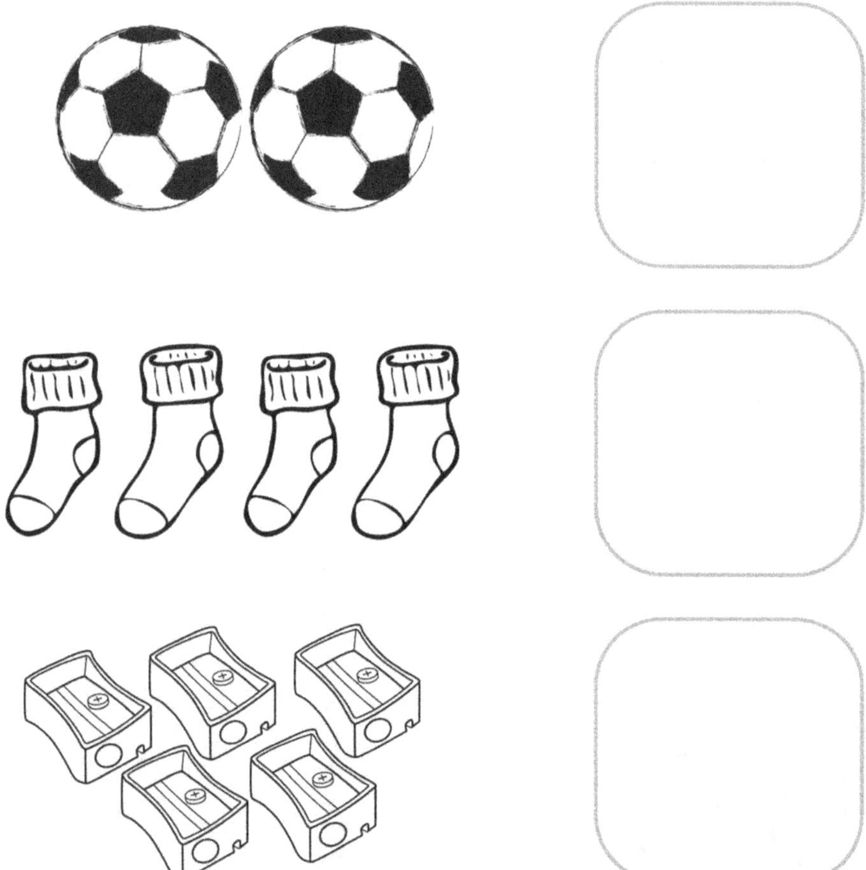

Contar objetos

¿Cúantos objetos hay en cada grupo?

Contar objetos

¿Cúantos objetos hay en cada grupo?

El número correcto

Cuenta los animales y rodea el número de la cantidad correcta

3   5   8   2   4

6   4   2   9   8

El número correcto

Cuenta los animales y rodea el número de la cantidad correcta

6 4 3 8 1

3 5 2 10

El número correcto

Cuenta los animales y rodea el número de la cantidad correcta

7   10   5   9

5   7   4   2

¿Cuántos hay en el mar?

Cuenta los animales y anota cuantos hay de cada uno al final

¿Cuántas hay en el plato?

Cuenta las frutas y anota cuantas hay de cada una al final

¿Cuántos hay en el cielo?

Cuenta los aviones y anota cuantos hay de cada uno al final

¿Cuántos hay en el parque?

Cuenta los perritos y anota cuantos hay de cada uno al final

Completa la cadena

Agrega los números que faltan para completar la cadena

Completa la cadena

Agrega los números que faltan para completar la cadena

1   ___   3   4

___   ___   7   ___

___   ___   10

Completa la cadena

Agrega los números que faltan para completar la cadena

1 4

5 7

UNO

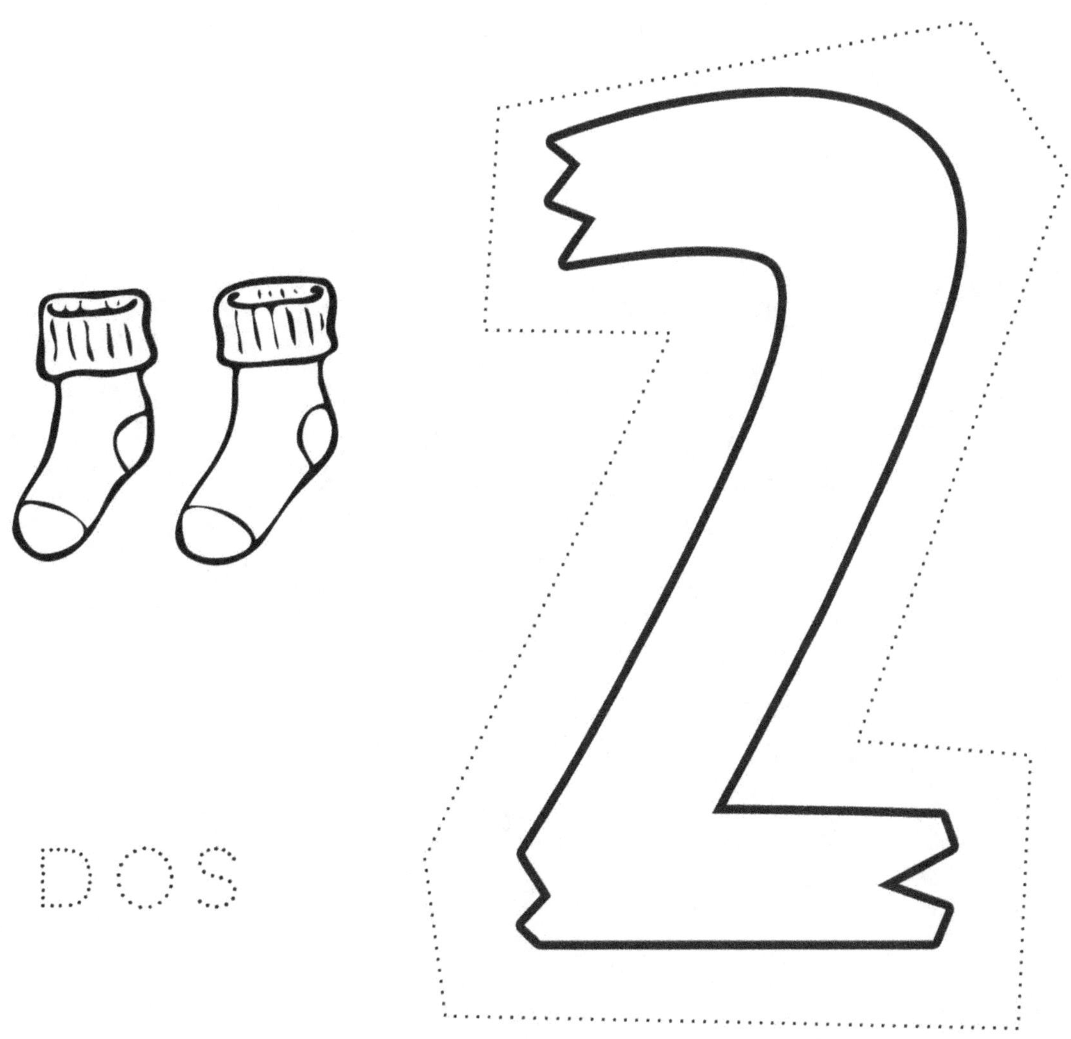

DOS

TRES

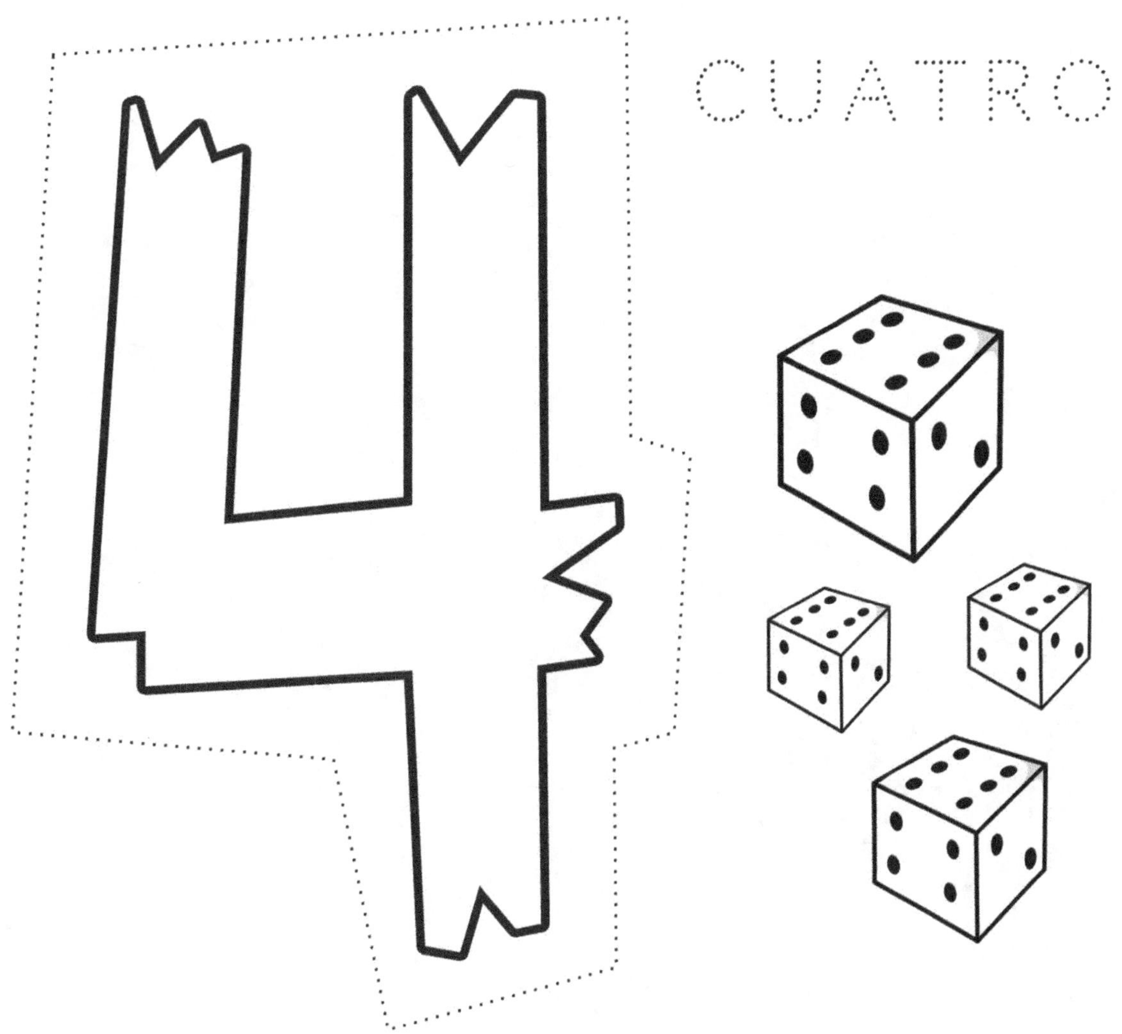

CUATRO

CINCO

SEIS

SIETE

OCHO

NUEVE

10
DIEZ

Unir con flechas

Une con una flecha el numero con la cantidad correcta

3   2   4

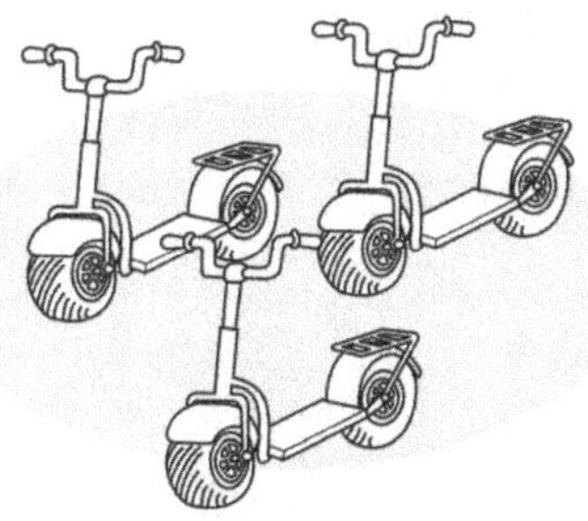

Unir con flechas

Une con una flecha el numero con la cantidad correcta

6   5   1

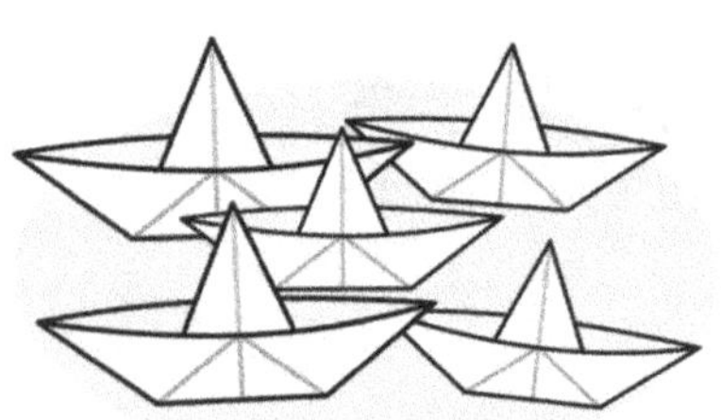  

Unir con flechas

Une con una flecha el numero con la cantidad correcta

7   10   8

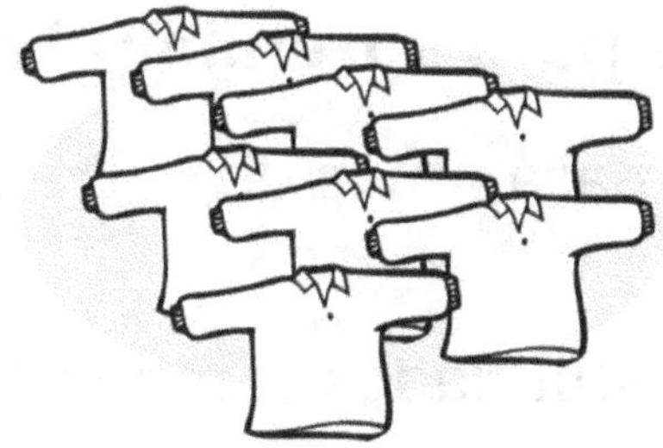

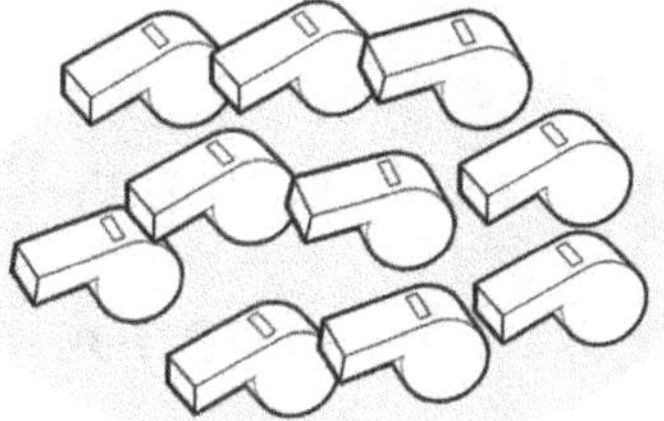

Más Libros de Interés

Actividades didácticas para niños - Juegos y Actividades para niños de entre 2 a 4 años de edad

Acompaña el aprendizaje de los más pequeños con actividades para ejercitar la observación, la motricidad fina y la atención.

Actividades para aprender el Abecedario - Juegos y Actividades para niños de entre 2 a 4 años de edad

Desarrolla habilidades comparativas mediante el reconocimiento de las letras y palabras usando simples juegos de matemáticas para que los niños comiencen a entender los conceptos y aplicarlos a situaciones de la vida real.

Milena – La Princesita Viajera

Este libro ilustrado cuenta varias aventuras de Milena, una niña a la que le encanta viajar por el mundo. De la serie Cuentos para Niños, este libro es perfecto para aquellos padres que buscan cuentos infantiles ilustrados para los más pequeños.

Mi amigo extraterrestre - Un cuento para niños juguetones

Este libro relata una de las tantas aventuras de Tomás, un niño al que le encanta jugar. Luego de un día muy agitado, Tomás decide leer un libro, cuando de repente recibe una visita inesperada. Lo que sigue son simplemente más aventuras y sorpresas, las cuales ayudan a que Tomás se dé cuenta de algo muy importante al final.

Amigo de Dios - Un libro ilustrado para niños que desean estar más cerca de Dios

Descubre cómo ser amigo de Dios a través de historias ilustradas sencillas y divertidas. Contiene historias biblicas tales como "El Tesoro Escondido" y un cuento para niños sobre el valor del dar: "Regalos del Corazón".

Esteban Vence sus Miedos y conoce al mejor Súper Héroe

Este libro relata varias aventuras del pequeño Esteban, a quien le gusta jugar y divertirse con sus hermanos. En una oscura noche, el miedo se apoderó de él, pero luego conoció a alguien que cambió su vida para siempre, conoció al mejor Súper Héroe, uno real! Descubre tú mismo de quién se trata…

www.ingramcontent.com/pod-product-compliance
Lightning Source LLC
Chambersburg PA
CBHW080308030726
47593CB00009B/2676